DE LA MISSION
DU PHILOSOPHE
AU DIX-NEUVIÈME SIÈCLE,

ET

DU CARACTÈRE QUI LUI EST NÉCESSAIRE;

PAR LE DOCTEUR FOSSATI,

VICE-PRÉSIDENT DE LA SOCIÉTÉ PHRÉNOLOGIQUE DE PARIS, MEMBRE DES SOCIÉTÉS PHRÉNOLOGIQUES DE LONDRES ET D'ÉDIMBOURG, etc.

DISCOURS

PRONONCÉ POUR L'OUVERTURE D'UN COURS DE PHRÉNOLOGIE EN 1833;

SUIVI

D'UN DISCOURS PRONONCÉ PAR L'AUTEUR AUX FUNÉRAILLES DU DOCTEUR GALL, EN 1828.

PARIS,
Chez J. B. BAILLIÈRE, Libraire, rue de l'École de Médecine, N.° 13 *bis*.

1833.

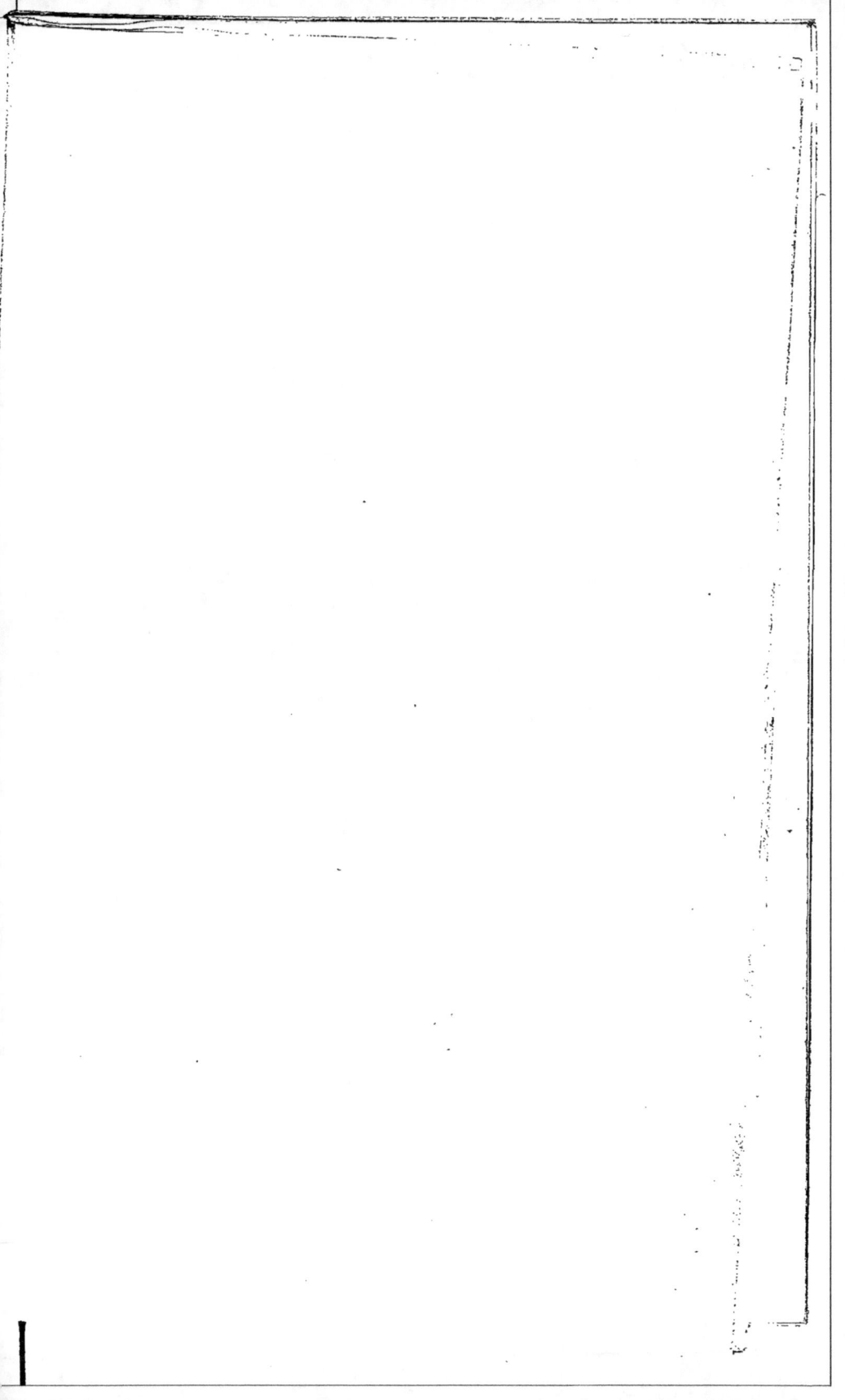

DE LA MISSION

DU PHILOSOPHE

AU DIX-NEUVIÈME SIÈCLE,

ET DU CARACTÈRE QUI LUI EST NÉCESSAIRE.

IMPRIMERIE DE MIGNERET, RUE DU DRAGON, N° 20.

DE LA MISSION
DU PHILOSOPHE
AU DIX-NEUVIÈME SIÈCLE,

ET

DU CARACTÈRE QUI LUI EST NÉCESSAIRE;

PAR LE DOCTEUR **FOSSATI**,

VICE-PRÉSIDENT DE LA SOCIÉTÉ PHRÉNOLOGIQUE DE PARIS, MEMBRE DES SOCIÉTÉS PHRÉNOLOGIQUES DE LONDRES ET D'ÉDIMBOURG, etc.

DISCOURS

PRONONCÉ POUR L'OUVERTURE D'UN COURS DE PHRÉNOLOGIE EN 1833;

SUIVI

D'UN DISCOURS PRONONCÉ PAR L'AUTEUR AUX FUNÉRAILLES DU DOCTEUR GALL, EN 1828.

PARIS,
Chez J. B. BAILLIÈRE, Libraire, rue de l'Ecole de Médecine,
N.° 13 *bis*.

1833.

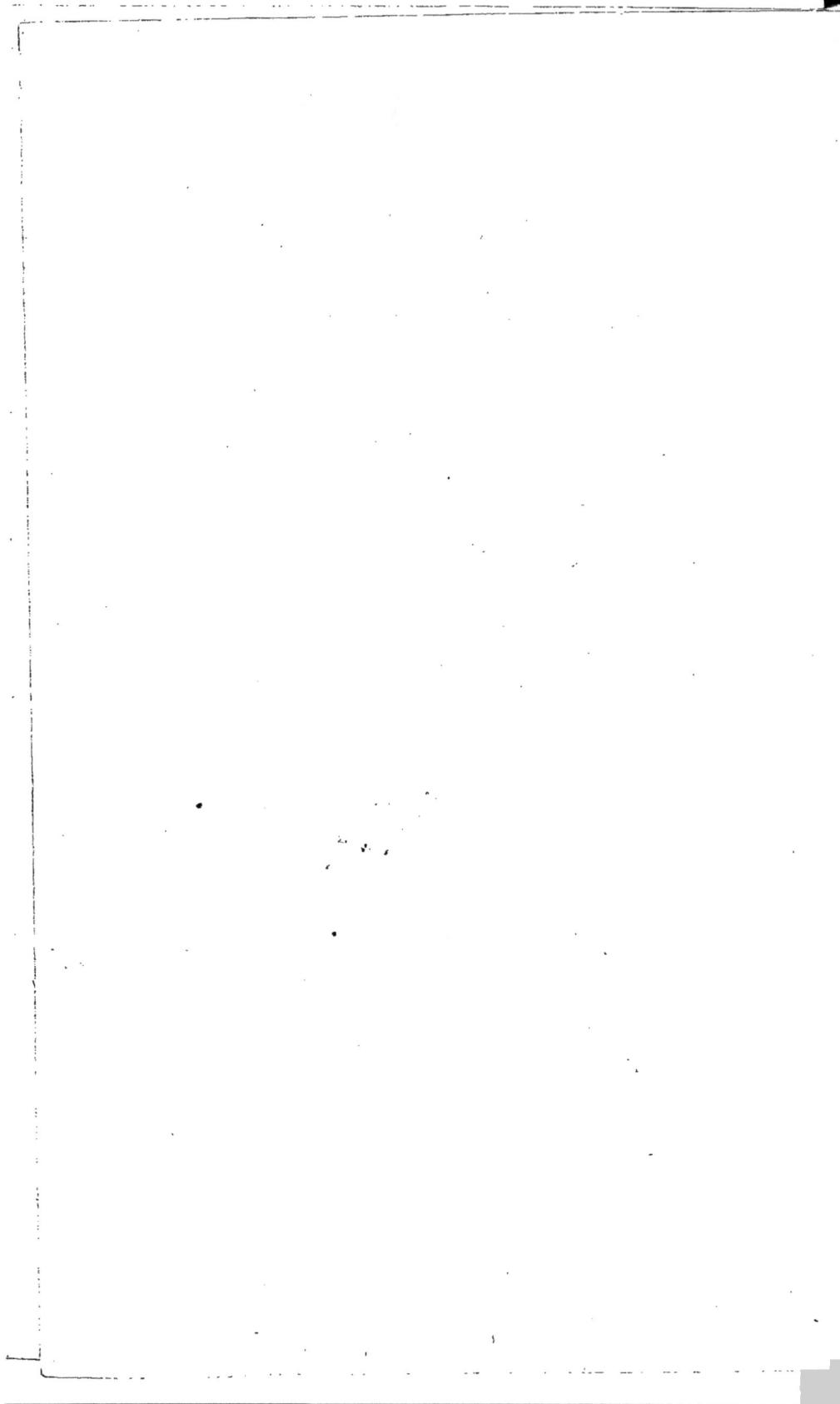

Le Discours d'ouverture que je publie ci-après doit être regardé en quelque sorte comme la continuation et le complément de deux autres Discours que je prononçai dans une circonstance semblable, et que j'ai déjà publiés.

Lorsque je me suis proposé, pour la première fois, de professer publiquement la Physiologie du cerveau, j'avais remarqué que la plupart de ceux qui parlaient de cette science, et de ceux qui avaient écrit sur les différentes questions qui s'y rattachent, n'avaient pas des idées justes et claires de leur sujet.

Je crus conséquemment devoir préparer mes auditeurs par le développement de cette maxime : Qu'il est nécessaire d'étudier une nouvelle doctrine avant de la juger. Dans cet écrit, je montrais que toutes les grandes découvertes et les doctrines qui s'ensuivent ont eu le même sort que la phrénologie. Les découvertes de Galilée, de Harvey, de Christophe Colomb, de Jenner, etc., furent combattues ou repoussées avec acharnement par les contemporains, comme de nos jours les découvertes de Gall. Ces grands hommes furent traités, de leur temps, comme des visionnaires, des exaltés, des extravagans : heureux, quand ce ne fut que le ridicule et le mépris qu'ils eurent à essuyer ; plus souvent ce fut la persécution la plus cruelle. Cette espèce de fatalité inhérente aux grandes découvertes, provient de ce que la généralité des hommes doit nécessairement confondre les sublimes conceptions de l'homme de génie, les faits extraordinaires nouvellement découverts, et les nouveaux principes tirés du rapprochement des faits déjà connus, avec les extravagances, les fausses conceptions d'une imagination exaltée, avec les aberrations de l'esprit, dont l'histoire nous fournit tant d'exemples. En effet, le public ne peut pas démêler le vrai du faux dans les nouvelles doctrines qu'on lui présente, si les choses qu'on lui annonce exigent de la méditation, de l'étude, et des recherches plus ou moins pénibles. Mille circonstances concourent à éloigner les hommes de l'examen d'une doctrine nouvelle. Ajoutez à cela que, par suite de l'éducation et de l'instruction reçue, les hommes adoptent en général des opinions déjà toutes faites, qu'ils gardent ensuite avec la plus grande ténacité : il y en a très-peu qui s'en forment une après examen. Où sont ceux qui ont approfondi leurs croyances politiques, physiques, religieuses ou philosophiques, après avoir connu, pesé et jugé tout ce qui a rapport à ces mêmes croyances ? On en trouve difficilement.

J'établis donc en principe qu'il faut *examiner et étudier* les nouveaux faits et les nouvelles doctrines qu'on nous propose comme vrais, avant de les adopter ou de les repousser, parce qu'il est de toute absurdité d'adopter ou de repousser une chose qu'on ne connaît pas. De l'étude naissent l'examen, la discussion et la controverse, élémens nécessaires pour établir la vérité d'une doctrine ; mais je blâme les plaisanteries, les injures et les invectives dont on se sert généralement, parce qu'ils sont des moyens vils, et qui ne font que prouver la pénurie d'argumens plus solides.

J'ai démontré, à la fin, que par rapport à la physiologie du cerveau, les hommes de nos jours, les savans, et ceux même qui ont écrit contre cette science, ne se sont pas conduits autrement que les hommes de tout temps. Bien loin de se donner la peine d'étudier les principes, de vérifier les faits, et de tirer les conséquences légitimes qui découlent naturellement de l'examen, ils n'ont fait que raisonner d'après les idées et les principes scientifiques antérieurement adoptés. L'on a répété mille fois les objections auxquelles Gall avait déjà victorieusement répondu ; et aujourd'hui encore l'on n'a pas entièrement cessé d'agir de même.

Dans mon second Discours, je suppose mes auditeurs bien pénétrés de l'importance d'étudier la phrénologie avant de porter un jugement sur cette nouvelle philosophie ; mais j'ai voulu leur faire pressentir l'influence qu'elle doit exercer sur les sciences, la littérature et les arts.

Je dis que si l'homme, avec son entendement, fixait son attention plus souvent qu'il ne le fait sur les objets qui l'entourent, s'il réfléchissait aux lois générales et constantes qui enchaînent les causes aux effets, et s'il pensait que ces lois générales existent pour le monde physique et matériel comme pour le monde moral et politique, il serait frappé moins souvent qu'il ne l'est des événemens qui se passent sous ses yeux ; il pourrait facilement les prévoir, les prédire. J'ai cité différens exemples de prédictions dans l'ordre des événemens physiques et politiques, et j'ai prouvé que les mêmes principes qui ont servi à ces sortes de prédictions sont applicables aux événemens scientifiques. Chaque découverte dans une science a produit des changemens, de véritables révolutions dans sa théorie et sa pratique. La découverte de la boussole a changé l'art de la navigation ; la découverte de la poudre à canon a changé l'art de la guerre ; la découverte de l'imprimerie a rendu pour jamais impérissables les produits de l'intelligence humaine ; la découverte de l'électricité et les découvertes en chimie ont changé toutes nos idées en physique.

L'homme peut donc porter ses regards dans l'avenir, et déterminer l'influence que certaines découvertes peuvent exercer sur ses opinions et sur ses propres doctrines. Maintenant, si nous voulons en faire l'application à la phrénologie, nous trouverons que presque toutes les connaissances humaines doivent s'en ressentir.

L'anatomie du système nerveux et du cerveau a déjà fait et doit faire des progrès immenses. Le cerveau n'est plus une pulpe, une substance médullaire ; mais il est une agrégation de fibres nerveuses, d'origine différente, destinées à des fonctions différentes. Les nerfs ne prennent plus leur origine dans le cerveau ; mais chaque système a ses origines propres ; tous communiquent ensemble par des appareils de conjonction.

Que dirai-je de la physiologie et de la médecine pratique? Les ouvrages de Spurzheim, de Georget, de Falret, de Voisin, de Londe, des frères Combe, et de plusieurs autres, prouvent plus que je ne pourrais dire. C'est surtout le traitement des aliénations mentales qui subira la plus heureuse réforme. Tant que les médecins ont été pénétrés de l'idée que la folie était une maladie de l'ame, comment auraient-ils pu porter leur attention sur le corps? Nous savons maintenant que la folie est une affection du cerveau, et elle sera désormais traitée comme telle par tous les médecins raisonnables.

La médecine-légale ne sera pas la dernière à être éclairée par la nouvelle physiologie. Les jugemens des médecins sur l'état moral et intellectuel d'un individu, seront plus conformes à la vérité, lorsque le médecin connaîtra plus précisément la nature des diverses facultés de l'homme. Et le naturaliste, à son tour, étendra plus loin ses recherches dans l'étude des animaux, et nous rendra compte par la suite plus exactement des instincts, des penchans et des talens propres à chaque espèce.

La législation, la jurisprudence ne resteront pas étrangères à la phrénologie. Quand le législateur aura bien approfondi cette vérité, que les actions des hommes sont déterminées par un double motif: d'un côté son organisation, et de l'autre l'influence des causes extérieures sur cette organisation, il songera, par ses lois, à présenter aux hommes les plus puissans motifs extérieurs, soit pour réprimer ses penchans criminels, soit pour favoriser l'exercice et l'activité de ses penchans honorables et vertueux. C'est dans le même sens que la science de l'éducation doit être dirigée. Il est démontré que nos penchans, nos talens et nos facultés intellectuelles sont primitivement déterminées par notre organisation : l'éducation ne peut donc que mettre en exercice, diriger ou laisser dans l'inactivité les facultés que nous avons. Comme membres de l'espèce humaine, nous avons tous les mêmes organes, mais ils sont plus ou moins développés dans les différens individus ; et tous les efforts des instituteurs ne pourront jamais rendre trop énergiques ceux qui sont naturellement très-faibles. Mais l'éducation, dirigée d'après nos principes, fournira l'occasion aux talens naturels de se développer plus facilement par une instruction qui leur soit appropriée ; elle apprendra aux instituteurs à réprimer sévèrement les mauvais penchans à leur première manifestation, etc. Les gouvernemens en profiteront aussi, et l'on peut espérer voir un jour les emplois publics de ministre, de général, de législateur, de professeur, être occupés par des personnes possédant les talens propres à l'exercice de leurs fonctions !

Quant à la philosophie, je pense que l'idéologie, la philosophie morale, et toutes les branches des connaissances qui traitent de l'homme et de ses facultés, ne feront plus qu'une seule science.

Pour l'historien, la phrénologie sera un flambeau qui lui éclairera les derniers replis du cœur de l'homme, et lui fera reconnaître la cause obscure de certains événemens inexplicables. L'orateur trouvera dans la connaissance positive de la nature humaine, des sources d'une éloquence mâle et solide, qu'il chercherait en vain dans les préceptes de la rhétorique. Des améliorations sensibles auront lieu dans le langage des hommes de lettres, quand ils entreprendront de faire des investigations sur la nature du goût, du beau et du sublime. Ils verront que les différens jugemens littéraires ne sont que des sensations différentes d'un ou plusieurs organes déterminés, qui, par l'exercice et l'étude, peuvent devenir plus ou moins sensibles pour les objets qui les touchent. Les mots d'affections, de passions, d'imagination, de génie, seront généralement entendus dans leur sens véritable. Jusqu'au poète, à l'auteur dramatique et au romancier, tous pourront puiser dans la phrénologie des idées et des préceptes utiles à leur art. L'organologie leur servira de guide; ils resteront dans le vrai de la nature humaine, tout en exploitant une mine inépuisable de caractères et d'actions différentes. Enfin, les acteurs, les mimes, les peintres, les sculpteurs, quand ils seront persuadés que l'expression de nos affections et de nos sentimens a sa source dans notre organisation, que cette expression est soumise à des lois déterminées par la nature, et qu'elle ne peut pas être un art d'invention ni de convention, seront plus vrais dans ce qu'ils exprimeront, et l'effet de leur art, sur les spectateurs, sera immanquable.

De cette manière j'ai fait pressentir l'influence

que la phrénologie doit exercer sur les différentes connaissances de l'homme. Dans le Discours de cette année, j'ai voulu indiquer la mission qui est réservée à ceux qui s'occupent de notre philosophie moderne, et j'ai voulu en même temps indiquer quel est le caractère que le philosophe doit avoir, s'il veut remplir convenablement sa mission. Le lecteur jugera comment j'ai rempli moi-même la tâche que je me suis imposée, et sentira que les deux Discours qui précèdent celui-ci s'y rattachent naturellement.

(*N. B.*) Les notes sont placées à la suite du Discours.

DE LA MISSION
DU PHILOSOPHE
AU DIX-NEUVIÈME SIÈCLE,
ET DU CARACTÈRE QUI LUI EST NÉCESSAIRE.

La gloire de l'homme qui écrit, Messieurs, est de préparer des matériaux utiles à l'homme qui gouverne. Ainsi s'exprimait Thomas dans un de ses mémorables discours à l'Académie française. Nous, Messieurs, nous ajouterons à cela : que le devoir de l'homme qui pense est d'éclairer l'homme qui n'a pas le loisir de penser; que le devoir du philosophe est de rendre ses semblables meilleurs et plus heureux. Tel est le but que la philosophie moderne, la phrénologie se propose d'atteindre; telle est la gloire à laquelle nous aspirons.

Messieurs, il n'y a que peu d'années, dans une circonstance pareille, au milieu des personnes de distinction dont j'étais entouré, je voyais devant moi le grand homme qui, de nos jours, eut le bonheur de fonder une science nouvelle. La présence de Gall à l'ouverture de mon cours relevait mon courage, et, fort de la confiance qu'il m'avait inspirée, je me sentais en quelque sorte auprès de lui, valoir davantage. Maintenant, c'est en vain que mon regard le chercherait parmi vous ; hélas ! j'ai fermé moi-même ses paupières pour l'éternel sommeil : Gall n'est plus ! Mais que dis-je ? Gall n'est plus ? Eh ! quoi ? parce qu'il aurait cessé de vivre, se serait-il donc éteint tout entier ? Non, son génie luit encore ; j'en vois les flammes planer sur nos têtes ; j'en vois les feux brillans se répandre partout, et je ne doute pas que l'univers ne s'en illumine bientôt.

Moi son disciple, Messieurs, j'ai encore l'esprit pénétré des conseils qu'il me donnait sans cesse, et jusque sur son lit de mort dans les derniers jours de son existence. « Mon ami, me disait-il, je sens que ma carrière va finir, j'ai fait tout ce qu'il m'a été possible pour découvrir et montrer la vérité, pour améliorer la condition de l'homme par l'étude et la connaissance de notre propre nature. C'est à vous, maintenant, à suivre la route que j'ai ouverte devant vous ; vous devez continuer à professer ma doctrine, et vous devez vous occuper de l'histoire de mes recherches. L'on verra un jour de quel point je suis parti, et quels obstacles les savans, les gouvernemens et les coteries ont opposés à mes premières découvertes. A peine si j'ai pu les surmonter pour faire apprécier avant ma mort une partie de mes travaux ! — Et vous, vous aussi rencontrerez à votre tour des obstacles et des contrariétés sans fin : ayez le courage de les combattre et la fermeté de les vaincre !... » Le grand homme se tût.

Ces dernières paroles, Messieurs, ont retenti bien souvent dans mon âme et m'ont conduit à de sérieuses et profondes réflexions sur l'état actuel de nos sociétés européennes par rapport à la philosophie, et d'abord se sont présentées à ma pensée ces questions : Quelle serait donc, à l'époque où nous sommes, la mission du philosophe ? Les temps modernes exigent-ils de lui quelque chose de plus utile que la paisible méditation du cabinet ? Quelle doit être sa conduite parmi les nations et sous l'empire des nouvelles institutions sociales ? Ces questions, Messieurs, ont dû jeter nécessairement dans mon esprit une foule d'idées. J'essaierai d'en résoudre quelques-unes.

Déjà je crois entrevoir dans le lointain et comme dans un clair nuage quelque chose d'imposant, de grandiose, de sublime, qui doit se faire sentir aux générations qui vont nous suivre. D'où partent ces rayons brillans de candeur et de vérité ? Quelle majestueuse figure apparait à mes yeux !... C'est la philosophie du dix-neuvième siècle ! cette philosophie qui doit embrasser un jour dans sa sphère toutes les vérités propices à l'humanité et les faire passer de la théorie à la pratique, de l'abstraction à la réalité. Heureux espoir pour la jeunesse, si, comme je l'espère, ce que j'entrevois n'est point une illusion, et si les philosophes peuvent à la fin remplir leur véritable mission !

L'ensemble des idées qui ont frappé mon esprit et que je veux vous soumettre, ne sera, sans doute, qu'une esquisse imparfaite ; le sujet est trop vaste pour être traité devant vous dans tous ses détails. Veuillez donc, Messieurs, m'honorer de votre attention ; vous n'aurez qu'à suivre la marche des idées : je tâcherai de vous les exposer avec le plus de précision et de clarté qu'il me sera possible.

De tous temps, Messieurs, il s'est trouvé dans les sociétés quelques hommes, en bien petit nombre, il est vrai, qui se sont spécialement occupés de la recherche de la vérité; qui se sont empressés de la faire connaître aux peuples; qui ont pu, par l'élévation de leur esprit, désigner la juste direction que les gouvernans comme les gouvernés avaient à suivre dans leurs marches; qui ont su diriger l'instruction de la jeunesse; relever le courage des peuples abattus par la servitude et la tyrannie; leur inspirer avant tout l'amour de la patrie; les conduire courageusement aux combats pour sa défense; en faire enfin des hommes dignes de ce nom, des hommes vertueux et vaillans.

Dans l'antiquité et dans les temps d'ignorance et de barbarie, ces hommes étaient obligés d'associer aux vérités utiles qu'ils proclamaient, d'abord des contes absurdes, ensuite des allégories, des fables, des mystères et l'histoire d'une infinité de faits merveilleux, mais impossibles. Ne les accusons pas trop d'une telle supercherie. Par là les hommes se laissèrent conduire; leur imagination était frappée par tout ce qu'il y avait d'inexplicable pour leur intelligence, et, se regardant eux-mêmes fort au-dessous de leurs instituteurs, ils se prêtaient insensiblement à tout ce que l'on exigeait d'eux comme conforme à la vertu et au maintien de l'ordre social. C'est en ceci que l'on pourrait dire que l'erreur même servit, en quelque sorte alors, la vérité.

Les prêtres égyptiens, par le peu que nuos pouvons savoir de leurs institutions, avaient concentré dans leur caste, les sciences de la morale et de la religion et presque toutes les autres connaissances humaines de leur temps. C'est alors que l'on vit la physique, l'astronomie et l'agriculture s'associer à la théologie, à la religion et à la morale. Les prêtres égyptiens s'étaient ainsi emparés de toutes les sciences, s'en étaient fait une sorte de privilége; mais, malgré cette fâcheuse usurpation et ce monopole exclusif, aux dépens du reste des hommes, il paraît prouvé par l'histoire, que les peuples de l'ancienne Egypte n'ont pas été très-malheureux : ils ont eu de longues périodes de bonheur sous des rois sages et modérés, dont les actions, après leur mort, étaient du reste sévèrement jugées par ces mêmes peuples.

Il n'en est pas de même du peuple juif. Son principal instituteur, Moïse, qui avait appris la science chez les Egyptiens, et qui avait arraché ses coreligionnaires à la servitude, n'a pas su fonder des institutions capables de rendre son peuple heureux. Les disputes théologiques et métaphysiques, et des erreurs en tout genre, qui prirent racine chez eux dès l'origine même de leurs institutions, passèrent malheureusement de l'esprit des mauvais raisonneurs dans l'esprit des peuples, et se confondirent avec les institutions sociales. Les chefs ne surent pas s'en préserver, ni en préserver les peuples; l'esprit de parti, le fanatisme et l'intolérance allumèrent les torches de la discorde entr'eux, et, au nom du Dieu tout puissant d'Israël, ils s'exterminèrent les uns les autres. Les assassinats et les crimes les plus affreux furent commis par le peuple de Dieu pour des motifs les plus absurdes et même les plus ridicules. Voyez dans la Bible quel amas de forfaits et de scélératesses! — Les livres que l'on attribue à Salomon et que l'on s'est plu à regarder comme un modèle de morale parfaite, sont un mélange de maximes où les mauvaises abondent et où la raison et la morale ne figurent pas d'une manière trop édifiante pour nous, ni pour la mémoire de ce prétendu sage par excellence.

Maintenant, si nous voulons porter nos regards en Asie dans des siècles très-reculés, nous trouverons qu'un seul homme, législateur très-sage et très-simple, et en même temps versé dans la connaissance approfondie de la nature humaine, a su trouver les principes d'une morale si pure et si vraie, que les siècles postérieurs n'ont presque rien ajouté aux maximes qu'il a dictées à ses contemporains. Déjà vingt-trois siècles sont écoulés, et Confucius est toujours le même grand homme, d'autant plus admirable, qu'il figure presque seul dans l'histoire d'un peuple qui compte tant de siècles d'antiquité.

Les Grecs eurent, en grand nombre, des hommes éminens en morale et en philosophie. Avant que Démosthène, par son éloquence foudroyante, eût appris aux Athéniens à aimer la patrie et à combattre pour elle, Socrate, par une morale très-sévère, enseignait à ses concitoyens à respecter et à obéir aux lois de son pays, à respecter la chose jugée et à mépriser la persécution et les persécuteurs. Il donnait des leçons sublimes de morale à ses élèves et à ses amis, à l'instant même où son inique supplice allait se consommer. Quoi de plus touchant que l'apologie de cet homme vertueux faite par Platon dans ses ouvrages! C'est le morceau d'éloquence et de philosophie le plus pathétique que l'on puisse lire. Je ne vous citerai pas à présent ni Pythagore, ni Zeleucus, ni Lycurgue, ni Solon, ni tant d'autres moralistes sublimes, profonds philosophes et sages législateurs. Vous connaissez leurs ouvrages et leurs histoires, et vous savez que la Grèce ancienne a fourni une quantité prodigieuse de citoyens grands comme ceux que je viens de nommer. Ce qu'il faut remarquer pour le moment, c'est que ces philosophes et ces moralistes n'étaient pas les prêtres de leur religion. Le culte et ses cérémonies, que tout le monde respectait, étaient une chose séparée de la morale que les philosophes et les législateurs apprenaient aux peuples de leurs temps. — Mais, laissons la Grèce et Athènes s'abrutir sous le luxe et le despotisme des successeurs d'Alexandre. La philosophie et la morale disparaissent toujours devant la servitude et la tyrannie.

Quant aux Romains, tout le monde connait quels sont les hommes qui ont le plus contribué à la prospérité et au bonheur de ce peuple-roi. Quel grand nombre d'instituteurs philosophes, de moralistes profonds ne devrais-je pas vous citer, tous capables d'exciter notre admiration, soit par les exemples de vertu qu'ils nous ont faits, soit par les écrits qu'ils nous ont laissés. Voyez seulement, depuis Numa-Pompilius qui leur donna une religion et des mœurs, et Caton qui voulait que la patrie fût toujours forte et guerrière, plutôt que d'être savante; et Térence qui répandait dans ses comédies des leçons de la morale la plus pure, et Sénèque le philosophe, qui apprenait, dans ses tragédies et dans ses ouvrages, à chérir sa patrie, à en suivre les lois, à respecter les dieux qu'elle révérait, à détester le vice et à s'attacher avec enthousiasme à la vertu! Et, au milieu de tous ceux-ci, n'oublions pas de citer celui qui brille comme une étoile lumineuse au-dessus de tous les philosophes et de tous les moralistes de l'antiquité romaine, l'incomparable Cicéron. Mais ce peuple roi devait subir le sort destiné à tous les grands empires arrivés à l'apogée de leur gloire et de leur puissance. La richesse et l'aisance devaient amener la mollesse et le relâchement des mœurs : tout devait périr, quand la corruption partait d'en haut, c'est-à-dire des empereurs et des dépositaires du pouvoir, et tout périt!

Tandis que la corruption étendait ses ravages sur Rome et dévorait peu-à-peu son reste de splendeur, du côté de l'Asie, de l'une des provinces soumises à son pouvoir, un bruit vint tout-à-coup qu'il y existait des hommes de mœurs très-simples, mais d'une vertu austère, prêchant une nouvelle morale fondée sur une nouvelle religion; ils proclamaient l'unité de Dieu, l'égalité des hommes, le respect de la propriété, l'amour du prochain, la tolérance et toutes les autres vertus qui honorent, embellissent et relèvent le caractère de l'homme.... C'étaient les apôtres de Jésus de Nazareth qui prêchaient l'Évangile! Persécutés du moment de leur apparition, livrés en grand nombre au fer des bourreaux, ils furent dispersés partout; et, forcés de quitter leurs foyers domestiques, ils se répandirent dans les autres provinces de l'Empire : les uns se dirigèrent sur les côtes de l'Afrique, les autres dans les îles de la Grèce et en Italie. Obligés de se dérober à leurs tyrans, ils se réunissaient pour la propagation de leurs principes dans les endroits les plus secrets et les plus sûrs, jusqu'à ce que la pureté de leurs intentions et la bonté de leur morale, étant généralement reconnues par les gens honnêtes et vertueux de ce temps, le triomphe du christianisme fût proclamé dans tout l'Empire, du Levant à l'Occident.

Les hommes qui répandirent le christianisme (et j'en excepte le fondateur, qu'il ne nous est pas permis de considérer comme homme) furent de véritables philosophes pour leur époque. Pendant quelque temps, ils firent heureusement marcher ensemble la religion de l'Évangile et la morale. Mais, comme il parait qu'il est dans la destinée que tout doit se corrompre dans les mains des hommes, les chrétiens se divisèrent presqu'aussitôt en sectes nombreuses ; ils se livrèrent à des spéculations métaphysiques ; ils voulurent expliquer ce qui était essentiellement inexplicable, et, pour comble de malheur, ils défendirent, les armes à la main, leurs opinions absurdes.

Dans Rome, déchue de son pouvoir et de sa splendeur ancienne, le christianisme vint asseoir son siége principal. Un chef tout-puissant s'y établit, et, autour de lui, il se forma un centre d'opérations très-bien calculées et dirigées par un Conseil d'hommes éclairés et très-habiles. Le clergé se mit ainsi à la tête de la civilisation. Mais les hommes payent toujours leur tribut à l'humanité : le pouvoir les énivre, et leurs vices finissent toujours par les perdre. Les chefs des chrétiens établis à Rome crurent un moment pouvoir se mettre au-dessus des rois et des peuples; ils pensèrent en disposer à leur gré. Des essaims nombreux de moines oisifs et turbulens furent répandus parmi les peuples chrétiens ; et, par leurs intrigues, leur immoralité, et par le marché honteux qu'ils faisaient des choses les plus sacrées, ils excitèrent en Europe une révolution énergique contre le pouvoir de Rome, révolution qui, sous le nom de *Réforme*, ensanglanta encore une fois la vénérable religion de l'Évangile, qui n'était à son origine qu'une religion de paix et de tolérance. Qu'il est triste pour nous de songer que la religion a été, en tous temps, la cause ou le prétexte de guerres homicides! Mais aussi qu'il est consolant pour moi de vous faire observer qu'il n'y a jamais eu de guerres de philosophie ni pour aucune des vérités découvertes et proclamées par les vrais philosophes!

Arrivés à notre époque, Messieurs, il nous est indispensable de l'examiner. Peut-être n'est-il pas sans danger de parler des opinions et des hommes contemporains qui exercent tant d'influence encore au milieu de nous; mais, à ce point de la tâche que j'ai entreprise, je ne puis m'en dispenser. Du reste, pourquoi n'aurons-nous pas le courage de dire ce que nous croyons être la vérité, lorsqu'elle ne blesse personne individuellement et que sa connaissance peut être utile à tous?

Tout le monde sait qu'un très-grand nombre de personnages puissans dans le clergé de presque toutes les sectes religieuses se sont déclarés les ennemis de la philosophie moderne, et tant qu'ils en ont eu le pouvoir, il se sont faits les persécuteurs des philosophes. —Il est inutile que je vous répète à présent ce qui a été déjà publié partout sur la conduite actuelle du clergé catholique en Europe, particulièrement dans les deux grandes péninsules. J'aime à croire que plusieurs imputations graves qu'on lui fait, sont exagérées; mais il y a encore trop de vrai dans son histoire : car, ce n'est pas seulement les lumières étouffées, les améliorations sociales promises et refusées que nous avons à lui reprocher; mais c'est encore cette soif du pouvoir avec toutes ses nombreuses aberrations; c'est le sang d'un grand nombre de malheureux qui a coulé récemment en Italie et en Portugal; ce sont des milliers de familles au désespoir qui tendent la main et demandent miséricorde! Voilà ce que nous avons à déplorer!

Maintenant, qui ne voit pas que le clergé, en agissant ainsi, se met, par ses actes, en opposition avec ses principes, et commet non-seulement une violence, une injustice, mais encore un véritable anachronisme! Il prétend, comme dans les siècles de barbarie, conduire les peuples d'aujourd'hui par les pratiques dévotes; il veut l'ignorance et l'obéissance passive des peuples; il cherche à multiplier les moines pour en faire des instrumens d'autorité, et il ne cesse d'avoir un penchant effrayant pour la richesse et le pouvoir. Or, dans cette perturbation d'esprit, pensez-vous qu'il fasse grand cas de la morale pure de l'Évangile? Pensez-vous qu'il croie que c'est là l'objet principal de sa mission? Non, l'on se contente d'en parler, et en attendant, l'on met en pratique une morale qui n'est conforme ni à la raison universelle, ni à l'esprit du Code sacré. Personne n'ignore que les vertus que l'on prêche avec enthousiasme, sont celles qui se rapportent aux pratiques de la dévotion, et que l'intolérance est regardée comme qualité méritoire. Je le dis franchement : je me méfie de la piété de ces hommes, enseignant que l'on peut assassiner ses adversaires, fussent-ils les chefs de l'État, quand ils ne pensent pas ou ne croient pas comme eux ; de ces hommes qui font de la sainteté du serment un simple jeu de mots et un piége perfide ; de ces hommes qui s'emparent de la fortune des citoyens pour en faire le patrimoine d'un grand nombre d'oisifs fanatiques et intrigans ; de ces hommes, enfin, qui ne veulent pas se soumettre aux lois de leurs pays ! Messieurs, je ne prolongerai pas davantage mes réflexions sur ce triste sujet ; je me contenterai, après celles que je viens de vous présenter, de vous répéter ce que j'ai déjà dit ailleurs : l'anachronisme dont je vous ai parlé et dont les effets sont si terribles pour beaucoup de nos semblables, provient de ce que les hommes placés haut dans la hiérarchie ecclésiastique, manquent de connaissances positives sur l'état actuel de la société, et ignorent la force de l'opinion et la portée de la civilisation actuelle. Le clergé ne peut pas se persuader que ce qui a dû être bon et praticable autrefois, ne puisse plus convenir à présent ; et que les lumières qui se sont plus ou moins répandues dans les différentes contrées de l'Europe, exigent pour l'homme un autre genre de nourriture spirituelle que celle qui a pu suffire à une autre époque. En conséquence, mon esprit me porte à conclure que Rome se mettra nécessairement et sans trop attendre au niveau du siècle où nous vivons, en faisant marcher la religion et la morale de l'Évangile d'accord avec la philosophie éclairée de nos jours, ou bien que sa puissance sera perdue pour toujours, et que la mission qui lui était réservée, passera en d'autres mains.

Ici, Messieurs, je me trouve face à face avec la grande question que je me suis faite au commencement de ce discours : Quelle est la mission que le philosophe doit remplir à l'époque où nous sommes?.... Jusqu'au moment où l'accord dont je vous ai parlé se soit réalisé, le philosophe doit, avec une infatigable persévérance, rechercher les vérités utiles; il doit sonder dans la nature humaine la source de nos vices et de nos vertus, et, par les connaissances acquises sur ce point, il doit fonder les principes d'une morale éternelle, de la morale de tous les siècles et de tous les pays : ensuite, il doit les proclamer hautement, sans présomption comme sans crainte. Par des investigations profondes, il doit aussi étudier le moyen de rendre les hommes meilleurs; le moyen de les rendre heureux. Il doit les éclairer, autant qu'il le peut, sur les vérités physiques, afin qu'ils ne soient pas la dupe des imposteurs. Voilà comment il faut arracher à ceux-ci pour toujours le masque dont ils se couvrent.

Il faut encore éclairer les hommes sur les véritables principes de la vertu, afin qu'ils puissent démêler, dans leurs propres actes, ce qui est réellement bien de ce qui est réellement mal. Il y a beaucoup de malheureux, et plus qu'on ne le pense, pour des méprises de ce genre!

Enfin, après avoir fixé l'attention des législateurs sur l'imperfection de certaines lois, sur les améliorations que l'on pourrait y introduire pour les mettre en harmonie avec les besoins actuels de la Société, et avec le degré de lumière que nous avons atteint, le philosophe doit instruire les peuples des lois de leur pays, afin que les malheureux ne deviennent pas criminels par ignorance.

En vérité, Messieurs, c'est toujours avec un terrible et douloureux étonnement que je considère dans nos sociétés modernes la négligence inconcevable, pour ne pas dire barbare, de tous les gouvernemens sur un objet aussi grave. N'est-il pas vrai que partout l'on juge et l'on condamne les criminels d'après des lois positives, écrites?... et qu'en même temps la généralité des citoyens ignore et l'existence et la nature et la force de ces mêmes lois? Quand donc pourrons-nous voir, dans les premières écoles, des instituteurs destinés à tirer nos enfans d'une aussi funeste ignorance? Quel avantage pour la société quand, à côté de ces hommes qui dirigent les âmes et qui font trembler nos enfans par la peur qu'impriment les châtimens réservés dans une autre vie, il s'en trouvera d'autres chargés de leur faire connaître que pour certaines actions coupables envers nos semblables, il existe des prisons et des moyens de répression qui s'étendent jusqu'à la perte de la vie; et que, s'il y a, après la mort, un séjour de bonheur pour ceux qui auront vécu sagement dans les principes de la religion, il y a également dans ce monde des honneurs, des places et des récompenses pour ceux qui se conduisent avec probité et d'une manière conforme au bon ordre de la société. Si cette pensée semblait à quelqu'un un peu trop mondaine et matérielle, j'en soutiendrais toutefois l'utilité avec la plus intime conviction, pourvu qu'elle soit mise sagement en pratique.

Je vous ai donc fait discerner, Messieurs, quelle est la tâche du véritable philosophe de nos jours, la mission qui nous est offerte par la raison pour le bonheur de l'humanité. Pour l'homme vertueux, il n'y a certainement pas de travaux ni plus beaux ni plus nobles, et rien au monde ne peut émouvoir plus vivement une âme généreuse. Mais si notre cœur peut se réjouir dans l'idée de prendre part à de si utiles travaux, ne nous dissimulons pas les obstacles immenses qui viendront s'offrir devant nous.

Le premier, le plus puissant, c'est la persuasion dans laquelle sont les ennemis de la philosophie, qu'elle peut blesser leurs intérêts. Il est constant que toutes les fois que les hommes croient leurs intérêts compromis, ils deviennent actifs, violens, cruels, intolérans. Et, comme il y a quelque chose de honteux et qui blesse fortement la raison, à avouer que l'on est asservi à de sordides intérêts, et que l'on se met en frais de persécution par égoïsme, alors on cherche tout ce que l'on peut de prétextes plausibles pour couvrir la laideur du véritable motif de son acharnement : et dès ce moment vous pouvez être sûrs que les prétextes ne manqueront pas.

Il nous est pourtant bien facile de rassurer de tels êtres sur cet article. Si je pouvais me rapprocher de l'oreille de quelques-uns des plus fanatiques, je leur dirais : Voyez si vous avez raison de nous craindre et de nous attaquer avec fureur : nous sommes des individus isolés, nous conformant et obéissant religieusement aux lois de l'État. Nous sommes sans pouvoir; nous ne formons pas dans la société une classe liée par des intérêts communs, et nous n'avons d'autre influence que celle de la raison et des vérités que nous proclamons. Nous n'aspirons pas aux charges de l'État ni aux places lucratives; nous ne sollicitons ni bénéfices, ni évêchés, ni cordons, ni pourpre, ni titres, ni ministères. La profession de philosophe n'est pas profitable, n'est pas un état, un métier, qui apporte du lucre et que l'on choisisse pour subsister ou s'enrichir, comme le sont toutes les autres.

Hélas! je crois déjà entendre la réponse qu'ils feront aux paroles pleines de vérité que je leur adresse : ils diront que ce n'est pas l'intérêt qui les fait agir, et qu'ils n'ont d'autre motif de leur zèle que la religion qu'ils croyent en danger. Eh bien! soit; mais voyons un peu si leurs alarmes sont fondées? — Nous commençons par déclarer que nous respectons les croyances religieuses et que nous voulons en même temps nous débarrasser de toutes les querelles de religion : elles ont toujours été fatales à l'humanité. Les questions religieuses sont tellement ardues et tellement au-dessus de notre capacité, que nous, comme philosophes, ne devons pas nous en mêler. D'ailleurs, l'histoire nous avertit que trop malheureusement les querelles de cette nature commencent à coup de plume et finissent à coup de sabre!

Or, je continuerai à m'adresser à nos adversaires et

je leur dirai : Vous voulez la religion, et c'est pour la religion que vous combattez, n'est-il pas vrai? Eh bien! nous aussi nous en voulons une; et nous voulons, comme vous, une religion sage et modérée, une religion qui conduise les hommes à la sagesse, à la vertu, au bonheur; nous voulons précisément celle qui a été adoptée par nos pères et qui est écrite dans un livre sacré, vrai modèle de philosophie et de morale. Comme vous, nous rejettons également tout ce que les hommes y ont ajouté de faux et d'extravagant, dans leur état d'ignorance et de barbarie, et comme vous nous repoussons toutes les difformités que leurs passions violentes et intéressées ont pu y mêler pour la défigurer horriblement.....

A ces mots, si j'étais en présence des personnes dont je vous parle, vous verriez, Messieurs, si ce sont les intérêts de la véritable religion qui causent leurs alarmes, ou bien leurs propres passions. Vous les entendriez tous en tumulte s'écrier : l'impie! l'athée! le matérialiste! le philosophe! Et après ces exclamations subites et violentes, ils s'assembleraient pour trouver les moyens d'empêcher ce qu'ils appelleraient un horrible scandale. Les moyens que l'on emploie dans ces circonstances sont toujours les mêmes, Messieurs, soyez-en sûrs. L'on s'approche du pouvoir, ordinairement par la voie des femmes, et l'on cherche à lui faire croire que la religion de l'Etat est en danger; qu'il y a des profanes qui se permettent de raisonner sur les choses sacrées, dont l'interprétation doit être exclusivement réservée à leurs prêtres; que la jeunesse est menacée d'être corrompue par de mauvaises maximes philosophiques, et que, s'il y a du désordre dans la société, c'est aux philosophes seuls qu'il faut l'attribuer. Tels sont les moyens qu'ils emploient pour abuser le pouvoir, et, une fois qu'ils l'ont associé à leurs querelles, et qu'ils ont réveillé dans les masses des passions haineuses et violentes, ils se retirent de la scène, et déplorent avec un air de piété simulée les excès auxquels l'impiété du siècle nous livre; mais, au fait, ils soufflent en-dessous les feux de l'intolérance.

Cependant, rassurons-nous sur le danger de ces manœuvres. Rappelons-nous qu'il existe en France une loi fondamentale que le roi a juré de faire observer, et qui est assez puissante pour nous mettre à l'abri de toute sorte de fanatisme. Que nos adversaires se conforment comme nous aux lois du pays, et qu'ils respectent toutes les opinions qui ne nuisent pas à l'ordre social; elles sont placées sous la protection des lois. Les lois et les magistrats sont là pour empêcher les désordres et les excès où nos passions aveugles pourraient nous entraîner. Qu'ils voient plutôt s'il n'y a pas dans leur ministère quelqu'autre moyen de se rendre utiles et respectables à la société entière, et qu'ils ne croyent pas que les vérités que les philosophes proclament puissent nuire à la pureté et à la bonté de leur cause, s'ils n'y mêlent pas leurs sordides intérêts personnels.

Arrêtons, Messieurs, nos réflexions sur ce sujet: elles suffisent pour vous faire comprendre que sous le régime actuel nous pouvons avec liberté professer nos opinions. L'on en connaîtra plus tard l'utilité et l'importance (1).

Si les obstacles que les différentes opinions religieuses présentent aux progrès de la philosophie sont graves et hérissés de danger, il y en a bien d'autres qui ne nuisent pas moins au triomphe de la vérité : ce sont les sectes différentes dans la science même, et les partis qu'elles font naître.

Tous ceux qui s'occupent de philosophie, on le sait très-bien, ont pour but de leurs travaux la recherche de la vérité sur un objet déterminé ; mais, par une fatale condition inhérente à la faiblesse de l'intelligence humaine, et à cause des bornes assignées par la nature à l'organisation de chacun, l'on voit des hommes la poursuivre par des chemins tout-à-fait opposés, et chacun prétendre l'avoir rencontrée devant ses pas, comme s'il y en avait plus d'une à découvrir sur le même sujet. Cependant, dès que l'on croit l'avoir trouvée, l'on se fait une opinion ; et les hommes s'attachent si fortement à celle qu'ils ont adoptée et prennent une si vive affection pour elle, qu'ils ne sauraient plus se mettre dans l'esprit qu'on puisse être sincère ou avoir l'intelligence la plus commune, si l'on n'embrasse pas la leur, dès qu'on la connaît. Dans cet état, l'homme n'est pas bien loin de regarder comme des ennemis ceux qui ne pensent pas comme lui ; et, à la manière des sectes religieuses, qui portent plus de haine à celles qui ne diffèrent dans leurs croyances que par des nuances, qu'à celles qui diffèrent du tout au tout, les sectes philosophiques entr'elles se font constamment une guerre de plaisanteries et d'injures ; si toutefois l'on ne va pas chercher des argumens plus solides à côté du pouvoir. Dès qu'un parti s'est formé, la raison ne trouve plus d'accès dans la tête de ceux qui se sont rangés d'un côté ou de l'autre ; l'obstination est leur caractère propre ; ils se vouent réciproquement une haine implacable ou un mépris insultant, et l'esprit de vengeance règne à la place de la vérité.

La raison de ces désordres vient de ce que chaque parti croit défendre la meilleure cause ; et la raison encore de cette erreur tient à ce que les hommes qui forment la masse d'un parti, défendent pour la plupart avec véhémence une cause sur laquelle ils n'ont pas des connaissances exactes, et qu'il n'ont pas suffisamment approfondie. Ajoutons aussi le grand nombre de ceux qui s'attachent à un parti pour se donner de l'importance, et pour paraître avoir des connaissances profondes sur des matières ignorées par les autres, et nous aurons alors une mesure de la nature et de la valeur des sectes et des partis, soit en philosophie, soit en politique ou en toute autre chose. C'est pour cela qu'il ne faut pas trop s'inquiéter si l'on a un grand nombre de sectes et de partis contraires, comme l'on ne doit pas trop non plus se glorifier si l'on en a beaucoup de favorables.

Le philosophe véritable doit donc marcher de sang-froid dans la recherche du vrai, sans faire une grande attention aux clameurs qui l'environnent. Par des études préparatoires, il doit d'abord s'enrichir de toutes les connaissances nécessaires pour le conduire au but qu'il se propose. Ensuite, comme le chemin à parcourir est scabreux et rude, il doit s'avancer avec d'autant plus de précaution qu'il y a beaucoup d'obstacles et de difficultés à vaincre. Qu'il imite le voyageur marchant dans un pays inconnu. Celui-ci commence par monter tant qu'il peut pour reconnaître l'espace qu'il doit parcourir; il examine la direction du soleil qui doit l'éclairer dans son chemin; il se met en garde contre les dangers; il écarte les ronces, il évite les pierres qui se trouvent sur ses pas; de temps à autre il se repose, pour pouvoir reprendre avec plus de vigueur le chemin interrompu; et, toujours rempli de l'espoir d'arriver à son endroit inconnu, il ne s'aperçoit pas même de la fatigue éprouvée pour y parvenir. Que le philosophe fasse de même. Qu'il observe d'abord; puis qu'il s'arrête, qu'il marche; que la plus saine logique soit son soleil et son guide, et que la vérité soit le pays inconnu auquel ses efforts doivent le conduire. Qu'il sache fermer l'oreille aux plaisanteries et aux attaques furieuses de ses adversaires; ce sont les épines et les pierres qu'il doit écarter de son chemin! — Par le calme d'esprit que je veux qu'il ait conservé, qu'il profite des vérités utiles que les discussions lui auront fait reconnaître. Qu'il se persuade que les adversaires sont utiles aux progrès d'une science quelconque; ils réveillent l'esprit, excitent au travail, et bien souvent, à la suite des disputes et des controverses, l'on finit par avoir rectifié et perfectionné ses propres idées.

Quant aux attaques occultes que les ennemis de la philosophie peuvent nous porter, celles-là sont plus à craindre, parce qu'elles arrivent plus droit à leur but. Les hommes qui emploient des moyens si ignominieux, en veulent aux personnes autant qu'aux idées. Autrefois, vous savez s'il était prudent d'avoir et d'émettre des opinions différentes de celles professées par ceux qui avaient la force dans leurs mains. Les chefs de toutes les sectes religieuses, tout spiritualistes qu'ils étaient, ne pouvant pas brûler les ames de leurs adversaires, s'en prenaient à leurs corps, et les livraient aux buchers de ce monde. Sagarel, en 1300, fut brûlé pour avoir dit que le temps de l'esprit et de la charité était à la fin arrivé. François de Pistoia fut brûlé à Vénise; Jérôme de Prague, disciple de Jean Hus, fut brûlé tout vivant, en 1416, pour avoir défendu son maître au concile de Constance; Jérôme Savonarola, philosophe et prédicateur, fut pendu et brûlé à Florence, en 1498. Torrigiano Torrigiani, célèbre sculpteur Florentin, ne fut pas brûlé; mais il fut condamné, en 1522, par la sainte inquisition, à mourir de faim dans ses prisons, pour avoir brisé, dans sa colère, une statue de la vierge qu'il avait faite et dont un riche seigneur ne voulait pas lui payer le prix convenu. — On n'épargnait pas même ceux qui étaient reconnus pour des véritables aliénés. L'histoire des peuples et des religions est toute remplie d'abominations de cette nature.

Dans nos temps modernes, on ne brûle plus les personnes, si l'on en excepte un simple essai fait, il y a peu d'années, en Espagne, sur un malheureux juif devenu chrétien (2). La civilisation a tellement adouci nos mœurs et modifié nos penchans, que ceux qui auraient, autrefois, sollicité un auto-da-fé d'hérétiques, se contentent aujourd'hui de faire ôter aux philosophes, qu'ils appellent des matérialistes et des athées, les chaires publiques et les pensions honorables, et de les réduire autant que possible à la misère. L'on emprisonne un peu, l'on proscrit et l'on prodigue des injures et des calomnies dans les journaux. Le mal n'est pas grand, en vérité, si on le compare aux horreurs des autres temps. Convenons donc que notre époque, surtout en France, est très-favorable aux progrès de la raison et aux travaux intellectuels de l'homme. Seulement il faut s'y livrer paisiblement, en se conformant aux lois établies, et alors l'on peut ôser tout penser et presque tout dire.

Ce bonheur, nous le devons à nos institutions sociales : malheureusement elles ne peuvent pas empêcher les persécutions sourdes de nos fanatiques, comme elles ne peuvent pas donner à ces êtres malheureux plus d'intelligence qu'ils n'en ont, ni changer la nature de leurs mauvais penchans !

Si l'homme qui se voue à la philosophie prétendait donc se reposer sur un lit de roses ; s'il croyait qu'il suffit d'être honnête homme et d'obéir aux lois, d'aimer la vérité et la vertu pour occuper une place distinguée dans la société, pour arriver aux honneurs et à la fortune, qu'il se détrompe. Les manœuvres clandestines viendront troubler son repos : aujourd'hui, il se couchera avec de riches appointemens, demain il se lèvera dépouillé de tout ; aujourd'hui, il sera reçu avec distinction chez les dépositaires du pouvoir, demain il trouvera leur porte fermée ; aujourd'hui, il sera prôné comme un homme de génie, demain conspué par ces mêmes admirateurs. Qu'il ne fasse donc pas dépendre son bonheur de la volonté des autres ; qu'il sache être respectueux, mais indépendant ; qu'il sache trouver le véritable bonheur en lui-même, dans l'exercice paisible de ses facultés intellectuelles et dans la conviction de travailler pour être utile à ses semblables. S'il sait mettre des bornes à ses besoins, en renonçant à tous les besoins artificiels de notre fastueuse civilisation, il trouvera en lui le courage et la fermeté nécessaires pour résister à toutes les attaques que le fanatisme et l'ignorance pourront tenter contre lui; car, l'homme qui n'a pas de grandes privations à souffrir, est naturellement fier et libre : celui, au contraire, qui a beaucoup de besoins artificiels, suite d'une aisance recherchée et d'un luxe habituel, est très-près d'être l'esclave de la volonté des autres. C'est le spectacle révoltant que nous avons journellement sous les yeux. L'on pourrait croire qu'on en est venu à mettre en principe la corruption, parmi tant d'exemples prodigieux d'hommes corrompus dans les célébrités du jour. Amour de la liberté et de l'indépendance, que tu dois être cher aux ames généreuses! tu donnes des ailes au génie et tu enfantes les prodiges de l'intelligence humaine! Quelle doit être donc l'affliction de l'homme de bien qui se sent pénétré de ce sentiment, s'il est forcé de l'étouffer en lui-même sous le poids de l'oppression et de la violence?

C'est ici que je sens s'exhaler du fond de mon cœur un soupir douloureux, en pensant à la condition de la philosophie et des philosophes dans ma chère patrie, dans cette belle et malheureuse Italie! Messieurs, je vois déjà vos ames nobles et magnanimes partager avec moi le même sentiment de douleur. La classe pensante, en Italie, est en butte au génie du mal; le fanatisme d'un côté, la persécution de l'autre, l'oppression partout, sont parvenus à arrêter les progrès de l'intelligence : la pensée est interdite, et les esprits élevés sont réduits à frémir en silence, si, toutefois, ils ne gémissent pas dans les cachots, ou ne mendient pas leur pain dans l'exil ! Mais, que mes honorables compatriotes ne se découragent pas ; qu'ils redoublent d'efforts ; que le flambeau de la philosophie jette partout sa lumière vivifiante, ils en ressentiront avant peu les bienfaits, je l'espère, et ils en sont dignes, Messieurs ! Il ne peut y avoir que le Pape et le duc de Modène qui en jugent autrement (3) !

J'aurais voulu jeter aussi un coup-d'œil sur l'état de la philosophie dans l'autre péninsule qui se trouve au-delà des Pyrénées ; mais, il vaut mieux que nous détournions les yeux de cette scène affligeante : il ne peut y avoir ni philosophie, ni bonheur, ni paix, là où règnent le fanatisme et l'ignorance.

Revenons donc à la France et hâtons-nous de mettre fin à nos réflexions. Je me permettrai seulement une observation encore qui tient de plus près au sujet qui nous occupe. Vous savez, Messieurs, que généralement, à présent, l'on divise les hommes qui se livrent aux études philosophiques en deux grandes classes, en spiritualistes et en matérialistes, comme si la démarcation des opinions et des idées était tellement déterminée, fixe et précise, que l'on ne pût pas penser sans se ranger tout-à-fait d'un côté ou de l'autre, ou pour mieux dire, comme si les vérités philosophiques se trouvaient toutes et exclusivement réunies dans l'un ou dans l'autre des deux principes qui constituent la différence essentielle de ces deux grandes divisions. Je crois que, dans l'intérêt même de la science, il faudrait laisser de côté cette distinction : elle n'est ni exacte, ni fondée, et de plus elle est nuisible, en ce qu'elle entretient les sectes et les partis, et conséquemment les inimitiés entre les amis de la vérité !

Nous pensons, nous, que la vérité ne peut être qu'une, et que ce n'est pas dans les partis qu'il faut la chercher. Par conséquent, nous tâcherons de suivre, pour y arriver, la meilleure méthode, qui est la philosophie inductive, la même qui fut avec tant de succès pratiquée par Galilée et enseignée par Bacon. Et ce sera de bonne foi que nous irons la chercher cette vérité, et au moyen précisément des études que nous allons entreprendre. Nous examinerons les faits nombreux que l'observation et l'expérience peuvent nous fournir ; et ensuite, par le rapprochement et la comparaison des faits, nous tirerons les conséquences générales qui en découlent. Mais, en cela, nous serons très-sobres, et nous n'avancerons rien qui ne soit déduit par une logique rigoureuse et sévère. Nous ferons plus, nous nous empresserons de signaler nous-mêmes les lacunes que le manque de faits et d'observations nous laissent encore apercevoir dans la science, et, après cela, nous professerons, comme vrai, ce qui nous aura paru l'être.

L'étude des qualités morales et des facultés intellectuelles de l'homme, à laquelle nous allons nous livrer, vous présentera certainement de puissans attraits; mais, en même temps, nous passerons à la recherche des instincts et des penchans des animaux, et nos jouissances intellectuelles augmenteront alors en proportion de la variété des objets que nous aurons à examiner. Vous verrez avec quelle admirable sagesse la nature a disposé l'organisation des cerveaux dans les différentes espèces, pour obtenir, au moyen de cet instrument, la manifestation de leurs qualités particulières, et une différence si prodigieuse de talens, d'industries et de penchans, chez les animaux, depuis le rat et le lapin jusqu'au chien et au singe; et chez l'homme, depuis l'idiot jusqu'à Bâcon, Voltaire et Gall.

La connaissance de notre propre nature dissipera en vous, si jamais elle existe, cette aigreur que l'on a généralement contre l'espèce humaine, à cause des vices et des imperfections que l'on reconnaît parmi les hommes : et vous apprendrez à être, par raison, tolérans et justes, circonspects et bienveillans... Je suis certain qu'à la fin de nos séances, vous vous apercevrez d'un changement très-sensible qui se sera opéré en vous dans la manière de juger les hommes et les choses. C'est à ce succès que j'aspire. Si les vérités que je vous aurai fait connaître, peuvent produire le bien que j'en espère; si, par elles, je réussis à obtenir, pour votre esprit, plus de calme et de contentement; pour votre conscience plus de satisfaction intérieure; et pour votre propre bonheur des sources nouvelles, j'aurai acquis la plus douce récompense de mes travaux, et j'aurai, pour ma part, rempli la mission réservée dans ce siècle aux amis de la vérité.

Mais, avant de nous quitter, il faut encore que je vous dise que j'aspire auprès de vous, à quelque chose qui me regarde exclusivement; c'est à mériter, par mes travaux, votre approbation et votre estime; car c'est dans ces sentimens, Messieurs, que je puiserai ma force pour me soutenir dans la carrière difficile que je vais parcourir devant vous.

FIN.

NOTES.

(1) L'autorisation pour faire des cours publics de phrénologie m'a été accordée sous la Restauration. M. de Vatismesnil, qui était alors ministre de l'Instruction publique, soumit ma demande au Conseil de l'Université, qui crut devoir me refuser cette permission, attendu qu'il fallait être agrégé pour être autorisé à faire des cours publics sur les différentes parties de l'enseignement médical. Cette lettre, signée de M. de Vatismesnil, était contresignée par le baron Cuvier, conseiller, faisant fonctions de chancelier! Je demandai une audience au ministre, et lui écrivis une seconde lettre, que je rapporte ci-après, et qui fut suivie d'une réponse favorable. Je saisis d'autant plus volontiers cette occasion, pour rendre grâce à M. de Vatismenil de la bienveillance avec laquelle il me reçut, que je ne crains pas aujourd'hui que mes expressions soient prises pour de la flatterie. Je dois aussi des remercîmens à M. Rousselle, inspecteur-général des études. — Voici ma lettre explicative.

A son Excellence le Ministre de l'Instruction publique.

Paris, ce 10 janvier 1829.

MONSEIGNEUR,

« Par la lettre que votre Exç. a eu la bonté de m'adresser en réponse à ma demande pour être autorisé à continuer les cours que le docteur Gall avait ouverts à Paris, j'ai vu que le Conseil royal de l'Instruction publique a pensé que ce cours pouvait entrer dans la catégorie de ceux qui font partie de l'enseignement médical. J'ai l'honneur d'exposer à votre Excellence que ce cours n'est qu'un cours de philosophie. Nous examinons la nature et l'origine des facultés de l'ame et de l'esprit, la nature des instincts, des penchans et des talens de l'homme et des animaux, et nous établissons les *conditions organiques* pour que ces qualités puissent avoir lieu. Ainsi, par la simple exposition de nos principes, l'on peut déjà trouver la réfutation à l'imputation que l'on ne cesse de nous faire de tendre au matérialisme, imputation d'ailleurs constamment reproduite toutes les fois qu'il est question d'une nouvelle idée dans les sciences et la philosophie. Du reste, je m'empresse de soumettre à V. Exc. une épreuve du prospectus par lequel je me propose d'annoncer mon cours, et j'espère qu'elle reconnaîtra plus positivement que ce cours ne peut pas être considéré comme faisant partie de l'enseignement médical. Les principes que j'ai à professer, bien loin de pouvoir porter atteinte aux principes de la morale et de l'ordre social, ne feront que leur apporter le plus fort appui, étant fondés sur la connaissance la plus vraie de la nature de l'homme.

Je prie votre Excellence de m'accorder l'autorisation que j'ai eu l'honneur de lui demander, et de vouloir bien revenir sur sa première décision.

J'ai l'honneur d'être, etc.

(2) Le *Constitutionnel* du 8 septembre 1826, s'exprimait ainsi sur le forfait sacré commis à Valence : « Justement alarmés des invasions du fanatisme et du retour des préjugés cruels d'un temps qui n'est plus, quelques hommes prévoyans ont cru voir la barbarie du moyen âge faire irruption sur la France du 19.e siècle. Le sarcasme, l'ironie, l'injure ont répondu à leurs craintes ; leurs amis eux-mêmes ont souri. Comment, leur a-t-on dit, osez-vous désespérer ainsi du bon sens de votre siècle ? calmez votre imagination trop ombrageuse. Que peuvent contre les lumières de l'époque, contre l'esprit philosophique de la génération qui s'élève, contre la volonté de tout un peuple, quelques déclamations forcenées, des prétentions absurdes, des tentatives insensées ? C'est un vain bruit qui se perd sans laisser de trace. Ne craignez rien : notre âge n'est point celui des discordes religieuses, des guerres sacrées ; ce n'est point le siècle des échafauds.

» Voilà ce que l'on disait : et cependant on dressait un échafaud ! un peuple entier de fanatiques accourait au spectacle d'un auto-da-fé. Couverte d'un *san-benito*, le baillon dans la bouche, une victime marchait lentement vers le bûcher. Autour d'elle des prêtres psalmodiaient des cantiques; les livres saints, les insignes du sacerdoce, les rites sacrés servaient d'ornement à cette pompe barbare, et des chants en l'honneur du Dieu de paix et de clémence se mêlaient aux pétillemens de la flamme. Un homme, accusé d'hérésie, subissait le supplice du feu.

» Ce crime affreux s'est accompli avec toute la pompe d'une exécution publique. On l'avait annoncé long-temps à l'avance. D'ambitieux pélerins avaient quitté en grand nombre la ville capitale, et s'étaient rendus au lieu désigné, pour se sanctifier à la vue du supplice. Le gouvernement fermait les yeux, ne songeant ni au jugement de l'Europe, ni à la justice de l'histoire. »

(3) *Sur l'avenir de l'Italie.* — L'homme qui naît sur le sol de l'Italie apporte en naissant une organisation cérébrale des plus heureuses. Gall, dans ses cours publics, en parlant des formes des têtes nationales par rapport à leurs facultés intellectuelles, faisait un grand éloge de l'organisation italienne. C'est un fait d'histoire naturelle, facile à constater par l'observateur le moins exercé.

Quelques faits historiques, non moins remarquables, nous prouveraient qu'il a dû en être ainsi de tout temps. L'Italie est la seule contrée du globe qui compte deux grandes époques de littérature et de civilisation : le siècle d'Auguste et les célébrités d'alors, tels que Pline, Tite-Live, Tacite, Cicéron, Virgile, Horace, etc. ; et le siècle des Médicis, avec Galilée, Machiavel, Guicciardini, Tasse, Arioste, Michel-Ange, Raphaël, etc.

Il y a plus : l'Italie a dominé les nations pendant plusieurs siècles et avec une sagacité étonnante, par deux moyens bien différens, et en mettant en activité permanente certains organes particuliers du cerveau. Dans la première période, l'époque romaine, ce furent les sentimens de la domination et du courage, c'est-à-dire l'esprit de conquête qui fut mis en jeu. Alors, la force et la violence furent réduites en principes et en règles d'art; et c'est par là que les Romains soumirent un si grand nombre de peuples, et les gardèrent tributaires pendant des siècles, en leur apportant, avec la guerre, la civilisation et les arts de leur temps.

De conquérans qu'ils étaient, ils devinrent à leur tour conquis, suite naturelle de la richesse, de la mollesse et de la corruption. Toute civilisation, toute puissance aurait dû alors disparaître pour jamais, comme il est arrivé à l'ancienne Egypte, à Tyr, à Babylone et à la Grèce. Mais non, dans cette longue et terrible crise, et pour arriver à la seconde période de grandeur, le génie italien s'empara immédiatement du sentiment religieux, inné dans l'homme, qui, sous des formes nouvelles, s'était manifesté en Syrie; il mit en activité ce sentiment puissant de religion, en l'associant à l'esprit de domination avec la plus profonde intelligence; il le réduisit en principes, en règles, pour que tout ce qui en dépendît se rattachât au centre établi dans Rome. Par ce moyen, l'Italie se rendit tributaire et maîtrisa encore une fois et sans la force des armes, les nations les plus puissantes de la terre.

Maintenant, je trouve que la puissance ou l'influence religieuse des papes est à comparer à la puissance conquérante du temps de Dioclétien et de Constantin. La magie, la foi, l'enchantement, ont disparu : plus rien au monde ne peut conserver à l'Italie la domination sur les peuples par le sentiment religieux.

Or, s'il est vrai, comme je n'en doute pas, que l'homme en Italie naisse avec des dispositions plus favorables à la haute intelligence, j'ai l'espoir que les Italiens s'empareront d'un nouveau sentiment, également inhérent à la nature humaine, et qui demande à être régularisé comme jadis le sentiment religieux, je veux dire du sentiment inné, résultant de l'organe du juste et de l'injuste : c'est la *justice* dans sa plus large signification. La fièvre morale et politique qui agite depuis quarante ans l'Europe, ou pour mieux dire l'espèce humaine entière, n'est autre chose que le besoin que justice soit rendue à chacun. Les priviléges et les distinctions accordés aux hommes sans mérite, l'intelligence et l'œuvre de l'homme mal récompensées ou méprisées, les charges publiques mal réparties, et une infinité d'autres désordres sociaux sont autant d'injustices qui demandent à être redressées. La domination d'un peuple sur un autre est une injustice qui crie vengeance de la part des hommes et de Dieu. La lutte entre ceux qui veulent justice et ceux qui jouissent des avantages de l'injustice est celle que nous voyons reparaître sous différentes formes chez presque toutes les nations du globe par les conspirations, les émeutes et les révolutions.

Il doit y avoir certainement un mode d'organisation sociale pour régulariser la justice à l'égard de tous, et pour mettre un frein aux abus des hommes pervers ; mais on ne l'a pas encore trouvé. L'Angleterre et l'Amérique nous ont mis sur la voie. La France, dans ses essais de constitutions et de chartes, avec ses quarante mille lois qu'elle a créées, présente aux législateurs à venir beaucoup de matériaux utiles ; mais je doute fort qu'elle puisse atteindre elle-même prochainement la forme sociale que l'humanité réclame. Un excessif amour-propre dans les individus, le manque de persévérance à poursuivre des idées profondes, et la difficulté encore plus grande de les faire adopter par le grand nombre, et avec cela la corruption toujours organisée d'en haut, s'y opposent fortement. Aussitôt que l'Italie aura secoué le joug de ses oppresseurs, par un effort unanime et par les mesures très-énergiques auxquelles il faut qu'elle ait recours, les hommes à haute intelligence doivent avoir songé à fonder avec le nouvel ordre social, les institutions nécessaires pour assurer justice à tous. Ce sentiment de justice doit être réduit en principes et en règles d'art, comme le furent autrefois l'esprit de conquête et le sentiment religieux. Quel bonheur pour l'humanité! et quelle gloire pour le peuple qui aura trouvé la résolution de ce problême !

AVERTISSEMENT.

Je publie ici le Discours que je prononçai sur la tombe de Gall, le jour de ses obsèques, parce qu'il contient des détails exacts sur ce savant célèbre. Je ne le présente aujourd'hui que comme une simple esquisse biographique, en attendant que je donne sur sa vie et ses ouvrages des mémoires historiques auxquels je travaille depuis quelque temps. Ce Discours aurait été mieux placé à côté de ma Notice phrénologique sur Gall, publiée dans le premier numéro du Journal de la Société phrénologique de Paris, si la nature de ce Journal, purement scientifique, ne s'était opposée à son insertion. Gall était né à Tiefenbrunn, le 9 mars 1758, et succomba à sa longue maladie, le 22 août 1828, dans sa maison de campagne de Montrouge : il fut transporté deux jours après à Paris, à la demeure qu'il habitait, rue Saint-Honoré, N.° 327.

Ses funérailles eurent lieu le 27 du même mois. Plus de 300 personnes, toutes de la haute société, médecins, avocats, savans, hommes de lettres et artistes, accompagnèrent le convoi jusqu'au cimetière. Arrivé au Père Lachaise, l'on descendit la bière pour la déposer provisoirement dans un caveau qu'on lui avait assigné, en attendant qu'une très-modeste tombe lui fut érigée après, ce que l'on n'a pu encore faire qu'avec beaucoup de peine. Les coins du drap mortuaire étaient portés par MM. les docteurs Broussais père, Dannecy, Sarlandière et moi. M. Broussais prononça un discours, que le Courrier Français reproduisit : le mien vint après, et trois autres discours furent prononcés ensuite. J'envoyai mon discours à M. le docteur A. Combe, d'Edimbourg, alors président de la Société phrénologique de cette ville, et il eut la bonté de le traduire et de le publier dans son estimable Journal, qui est, sans contredit, la plus intéressante collection d'écrits phrénologiques qui existe encore. (Voyez *The Phrénological Journal*, avril 1829.)

DISCOURS

PRONONCÉ SUR LA TOMBE DE GALL.

MESSIEURS,

Si vous trouvez, dans cette circonstance, du désordre dans mes idées, c'est que je suis trop fortement agité par les émotions de mon cœur. La vivacité de mes sentimens pour le grand-homme que nous venons de perdre est telle, qu'elle ne me permet pas de lui rendre actuellement des hommages dignes de sa mémoire. Ah! quel vide irréparable j'aperçois dans le monde savant, par la perte d'un seul homme! vide qui sera certainement senti par tous les amis des sciences et de la saine philosophie. Mais aussi quel génie nous avons perdu! quelle heureuse organisation la nature lui avait accordée! Le docteur Gall fut un de ces individus privilégiés que le créateur envoie sur la terre, à des siècles d'intervalle, pour nous apprendre jusqu'à quelle hauteur peut s'élever l'intelligence humaine.

Né dans un petit village du grand duché de Bade, d'une honorable famille de marchands, notre ami, dans les premières années de sa vie, ne reçut pas une éducation soignée, ni une direction particulière pour l'étude des sciences. Son génie cependant l'entraînait déjà dans les campagnes, dans les forêts pour faire des observations sur les papillons, les insectes, les oiseaux;

c'étaient là les amusemens de son enfance. Ainsi, avant de savoir qu'il existait une histoire naturelle, il avait déjà des connaissances positives, que les autres enfans de son âge, dans les grandes villes, n'ont que par une étude réfléchie et par l'instruction due à des maîtres. Cet esprit d'observation fut donc la clef qui lui ouvrit le chemin à ses grandes découvertes. Il ignorait encore qu'une philosophie des facultés de l'ame dominait dans les écoles, et déjà il avait remarqué parmi ses camarades se manifester des facultés différentes suivant des formes d'yeux et de tête différentes. La marche de ses premières observations et de ses premières idées fut entravée tout d'abord par les idées qu'il avait acquises dans les écoles. Cela devait être : celles-ci étaient en opposition avec ce qu'il avait lui-même observé. Quelle position pour son génie ! et quel effort il lui fallut pour secouer le joug de la routine ! On lui parlait de la mémoire, de l'imagination, du jugement, de l'attention ; et lui, il avait trouvé dans la nature des talens déterminés pour la musique, pour les arts ; des instincts pour l'amour de la progéniture, pour la défense de soi-même ; des penchans pour l'amitié, pour la domination ; des sentimens de religion, de bienveillance.... Il fallait donc passer de l'abstrait au positif ; et c'est ce qu'il fit, sans s'en douter, par ses observations empiriques. Messieurs, c'est dans la fixation de ses principes, dans la détermination des différences entre les attributs généraux et les facultés fondamentales de l'ame que consiste le premier mérite des recherches philosophiques du docteur Gall. Par là il s'est éloigné de tous les philosophes qui l'ont précédé : il a créé une nouvelle philosophie des facultés de l'homme. J'ai la conviction que ses nouvelles idées seront appréciées par la postérité bien plus qu'elles ne l'ont été de nos jours. La plupart de ceux qui ont étudié les ouvrages de notre savant philosophe ne sont pas assez pénétrés de leur mérite essentiel et de leur importance. Gall, après avoir fixé, par une opiniâtre persévérance et par des observations multipliées à l'infini, les principes de sa nouvelle philosophie, passa aux recherches sur le cerveau. Dans les écoles de médecine, il avait entendu parler des fonctions du foie, de l'estomac, des reins et de toutes les autres parties du corps, et jamais il n'était question des fonctions du cerveau. Ce fut alors qu'il y fixa son attention, et qu'il fit marcher ensemble les recherches physiologiques et les recherches anatomiques. Vous en connaissez le résultat; ou pour mieux dire le monde entier le connait. Le cerveau, qui n'était avant lui qu'une pulpe, une masse informe, a été reconnu pour l'organe le plus important de la vie animale; sa véritable structure fut découverte; et le déplissement des circonvolutions cérébrales fut annoncé et démontré aux savans de l'Europe étonnée. Le cerveau fut reconnu pour l'organe unique, l'organe indispensable à la manifestation des facultés de l'ame et de l'esprit; et il fut prouvé, au moyen de la physiologie, de l'anatomie comparée et de la pathologie, que le cerveau ne pouvait pas être un organe simple, homogène; mais bien qu'il était une aggrégation de plusieurs organes avec des attributs communs et des qualités propres et spécifiques. Après la démonstration de ces vérités, notre savant a pu indiquer le siége de ces organes dans le cerveau, et la possibilité de connaître leurs fonctions respectives par le degré d'énergie de certaines facultés en raison du développement plus ou moins considérable de certaines parties cérébrales. Telles sont, en abrégé, les découvertes de l'homme incomparable dont nous déplorons la perte. Il professait sa doctrine à Vienne, où il exerçait honorablement l'art de la médecine, quand l'ignorance, l'hypocrisie et la perfidie, qui ont toujours un accès facile auprès du pouvoir, obtinrent de faire défendre à Gall de divulguer les vérités qu'il avait découvertes. Alors il quitta Vienne, et pendant deux ans et demi, accompagné de son élève et ami M. le docteur Spurzheim, il parcourut le Nord de l'Europe, la Prusse, la Saxe, la Suède, la Hollande, la Bavière, la Suisse, et vint s'établir à Paris. Pendant son voyage, les savans les plus distingués de l'Allemagne, les princes, les rois même, l'honorèrent de leur approbation, et assistèrent avec intérêt à ses démonstrations physiologiques : des médailles furent frappées à Berlin en son honneur.

Arrivé à Paris à la fin de 1807, il donna immédiatement des cours publics à l'Athénée Royal : les savans français l'écoutèrent avec le même intérêt que les savans de l'Allemagne; le célèbre Corvisart, entre autres, était un de ses enthousiastes admirateurs. Mais, hélas! un maître absolu gouvernait la France à cette époque, et il avait en horreur la philosophie. Il n'en fallait pas davantage pour que les courtisans, et plusieurs savans doués d'une ame flexible comme leur colonne vertébrale, se déclarassent contraires à la doctrine du docteur allemand. De là le ridicule et les ignobles plaisanteries qui noircirent le Journal de l'Empire, et la plupart des petits journaux de Paris.

Moyens indignes, s'il en fut, dans la discussion d'une science aussi grave que celle qui traite des facultés de l'ame et de la connaissance des fonctions du cerveau ; moyens qui n'atteignirent jamais l'ame élevée du philosophe contre lequel on les employait ; mais qui contribuèrent beaucoup à empêcher l'étude et la propagation des vérités que le docteur Gall avait annoncées. A la fin, ses ouvrages parurent, et plusieurs savans de nos jours lui rendirent justice ; beaucoup marchent actuellement sur ses traces, dans la route qu'il leur a ouverte le premier.

Mais je crois entendre quelqu'un de ceux qui m'entourent, me demander : Avec une capacité si haute, quels étaient ses titres dans la société? Portait-il quelqu'unes des marques distinctives que la vanité prend souvent pour des signes de mérite? Était-il membre de l'institut..... Messieurs, de pareils titres sont trop communs de nos jours, et trop partialement distribués. Il a été bien plus que tout cela. Par ses découvertes, il a donné lui-même origine à des académies, à des sociétés savantes, qui sont maintenant répandues sur les différens points de la terre, depuis Édimbourg et Londres jusqu'à Washington en Amérique, et à Calcutta en Asie. Où est l'homme qui, de son vivant, eût pu se vanter d'un pareil succès? Socrate, Aristote, Galilée et Bacon ont-ils vu avant leur mort quelque chose de semblable? Ah!... ombre de mon grand ami, malgré les contrariétés que tu as pu éprouver dans la vie, je me consolerai toujours en pensant que tu as été heureux sur la terre!

Jusqu'ici, Messieurs, il n'a été question que de l'homme de génie, du savant philosophe; mais ce n'est pas tout ce que nous devons regretter dans la perte que nous venons de faire. Je ne vous ai pas parlé des qualités de son cœur, de ce profond sentiment du juste, qu'il avait, et de sa constante bienveillance. Je n'ai pas le temps d'analyser toutes ces qualités. Mais vous, venez ici, artistes, jeunes médecins, malheureux de toute condition; venez attester, par vos larmes, la perte de votre bienfaiteur; vous ne trouverez plus que difficilement un autre homme qui répande le bienfait avec moins d'ostentation, avec plus d'abandon et de bonhomie. Ah! vous ne pouvez pas assez pleurer sa mort.... Ou bien, faites place un instant à ces riches cliens, à ces princes, à ces représentans des rois, auxquels, par son art, il donna plusieurs fois la vie, et qu'ils déposent devant la postérité combien de fois le docteur Gall vint implorer leurs secours pour aider dans leur carrière les hommes à talens et malheureux; qu'ils nous disent s'il sollicita jamais leur protection pour lui-même, et non pas toujours pour les autres! Et vous aussi, parens et amis qui avez vécu dans son intimité domestique, ajoutez votre voix à la mienne et dites si jamais, une seule fois, il refusa quelques secours à un infortuné. Mais, hélas! de ce grand-homme, il faut pourtant que nous nous séparions pour toujours. Ah! que cette séparation est cruelle près l'avoir connu! Adieu, mon excellent ami; incomparable philosophe! Tu vivras dans la mémoire des hommes tant qu'il existera une histoire, et tant que le génie sera honoré sur la terre; et tu vivras dans mon cœur tant que j'existerai. Adieu pour la dernière fois. Adieu!

FIN.

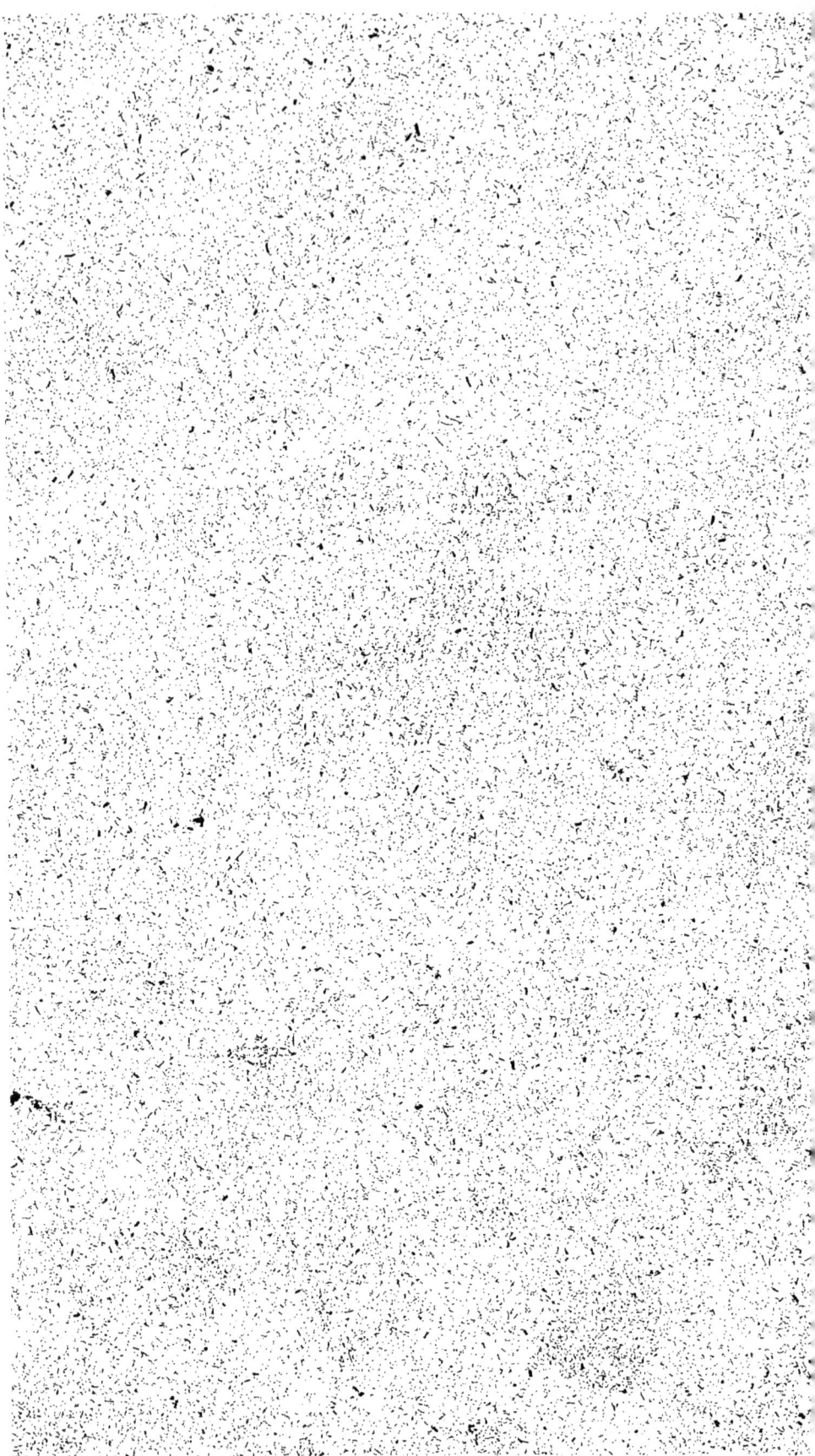

www.ingramcontent.com/pod-product-compliance
Lightning Source LLC
LaVergne TN
LVHW022143080426
835511LV00007B/1231